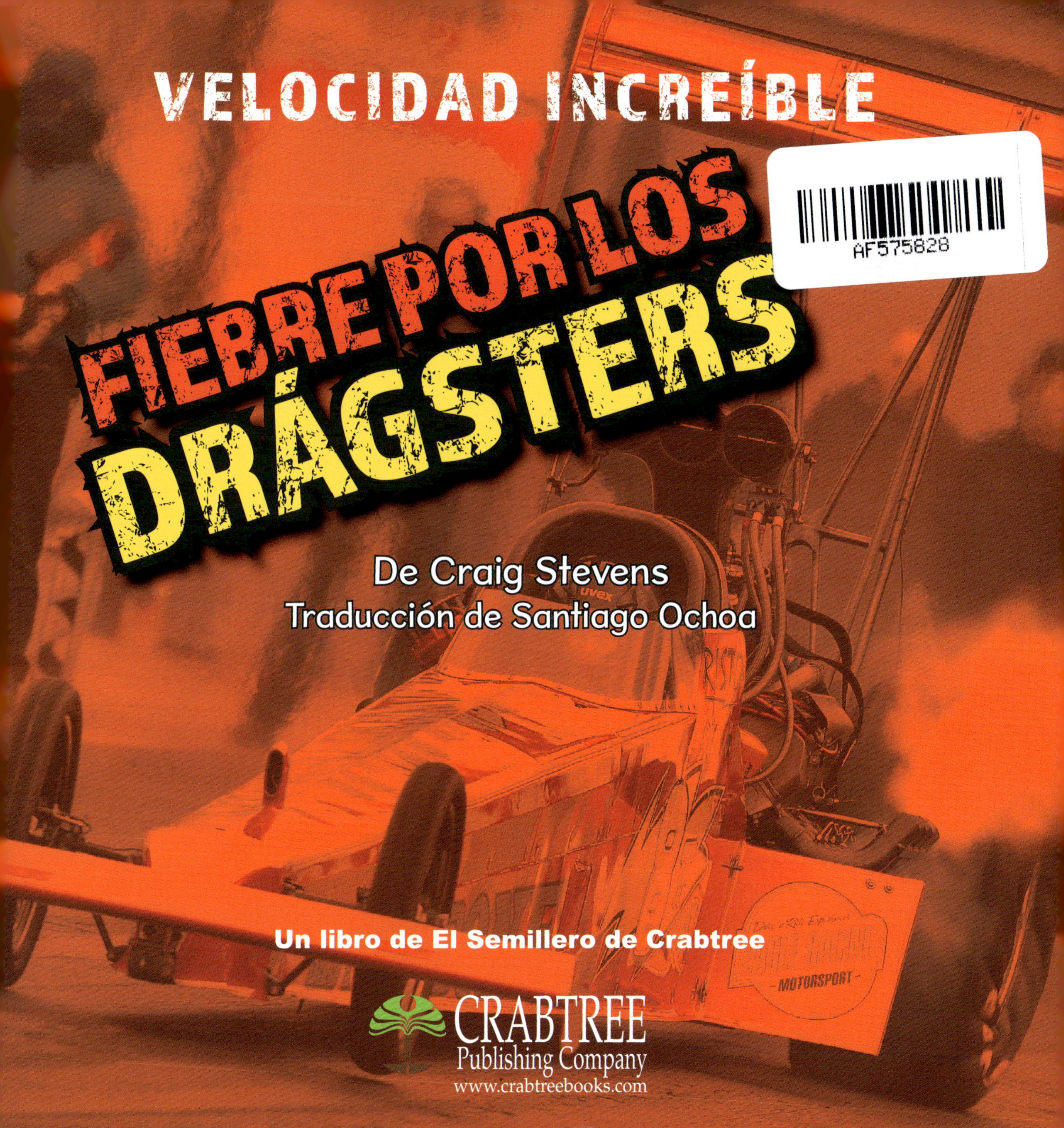
VELOCIDAD INCREÍBLE
FIEBRE POR LOS
DRÁGSTERS
De Craig Stevens
Traducción de Santiago Ochoa
Un libro de El Semillero de Crabtree
CRABTREE
Publishing Company
www.crabtreebooks.com

Coca-Cola
CAMARO
PEAK
COOLANT & MOTOR OIL
AUTO CLUB
CHEVROLET
MAC TOOLS
GOODYEAR
FREIGHTLINER
Advance Auto Parts
STANLEY

ÍNDICE

CARRERAS DE DRÁGSTERS A TODA VELOCIDAD

Las carreras de drágsters son un deporte de motor, en el que dos autos compiten en una pista recta de 1 000 pies (305 metros) para ver quién es el más rápido.

Los drágsters Top Fuel corren uno al lado del otro a más de 300 millas (483 kilómetros) por hora.

Drágster Top Fuel

AL COMIENZO DE CADA CARRERA:

Preestacionamiento

- Los pilotos ruedan hacia adelante hasta que se encienden las luces superiores.

Estacionamiento

- Los pilotos ruedan un poco más hacia adelante hasta llegar a un sensor. Esto enciende las luces amarillas. Se encienden de una en una, con medio segundo de diferencia.
- Cuando se encienden las luces verdes, ¡los pilotos pueden salir!
- Si un conductor sale antes de que se enciendan las luces verdes, se activa la luz roja y se detiene la cuenta atrás.

Drágster Funny Car

Las carreras de drágsters más rápidas son las *Top Fuel* y las *Funny Car*. También son las más populares, y por una buena razón: estos autos son los más rápidos y ruidosos de todos los drágsters.

FANÁTICOS DEL TOP FUEL

Los fanáticos del Top Fuel adoran el elegante diseño de esta máquina de carreras de 25 pies (7.5 metros) de largo. Estos autos son más rápidos que los Funny Cars porque son más ligeros.

DATOS DE LOS TOP FUEL

- Motor en la parte trasera del auto.
- Pesa unas 2 300 libras (1 043 kilogramos).
- Funciona con nitrometano.
- Las llamas del escape pueden alcanzar los 7 000 grados Fahrenheit (3 871 grados Celsius).

FANÁTICOS DE LOS FUNNY CARS

A los fanáticos de los Funny Cars les encanta seguir y animar a su modelo de auto favorito. Los automóviles Chevy, Ford y Dodge son solo algunos de los que se utilizan en las carreras de drágsters.

DATOS DE LOS FUNNY CARS

- El motor está adelante del piloto.
- Son más pesados que los autos Top Fuel.
- Las carrocerías son similares a los modelos de carretera.
- No pueden tener más de 5 años.

¡A correr!

1. **Los pilotos hacen girar sus neumáticos en un *burnout* para calentarlas y lograr un mejor agarre.**

2. **Los pilotos se acercan a la línea de salida. A esto se le llama estacionamiento.**

3. **Los conductores esperan la luz verde.**

4. ¡EN MARCHA!

¡Los autos aceleran a más de 300 millas (483 kilómetros) por hora en menos de 5 segundos!

Los drágsters van muy rápido en una distancia corta. Los frenos por sí solos no son lo bastante potentes para detener un drágster. Al final de la carrera utilizan paracaídas para reducir la velocidad.

POTENCIA MÁXIMA

Las carreras de drágsters giran en torno a grandes motores. Los motores grandes son la fuerza, o los **caballos de fuerza** (hp), que impulsan al auto por la pista a la velocidad de un rayo.

Los drágsters Top Fuel y Funny Car tienen motores similares de 500 pulgadas cúbicas (8.2 litros). Estos motores producen más de 11 000 hp... ¡INCREÍBLE!

El motor genera tanto calor que los mecánicos tienen que reconstruirlo después de cada carrera.

Los drágsters hacen *burnouts* para derretir las llantas y dejarlas calientes y pegajosas. Esto ayuda a que los neumáticos se agarren a la pista.

El motor tiene tanta potencia que los neumáticos se doblan tras intentar mantener el ritmo.

AGARRE

Todos los drágsters tienen «*slicks*», o neumáticos traseros lisos. Los neumáticos lisos se adhieren a la pista y tienen mejor **tracción** que los normales, que tienen una **banda de rodamiento**.

Un drágster hace un *burnout* y se prepara para la carrera.

<u>barra antivuelcos:</u> Evita que el auto se vuelque hacia atrás.

<u>carrocería del auto:</u> Delgada y ligera.

<u>alerón delantero:</u> Utiliza el aire que circula para mantener la parte delantera del auto en la pista.

motor: Proporciona la potencia necesaria para superar las 300 millas (483 kilómetros) por hora.
alerón trasero: Utiliza el aire que circula para mantener la parte trasera del auto en la pista.
cabina: Espacio donde se sienta el piloto.
neumáticos de competencia: Proporcionan agarre en la pista, ayudando al auto a acelerar.
CAPCO
CONTRACTORS INC.
MAC TOOLS

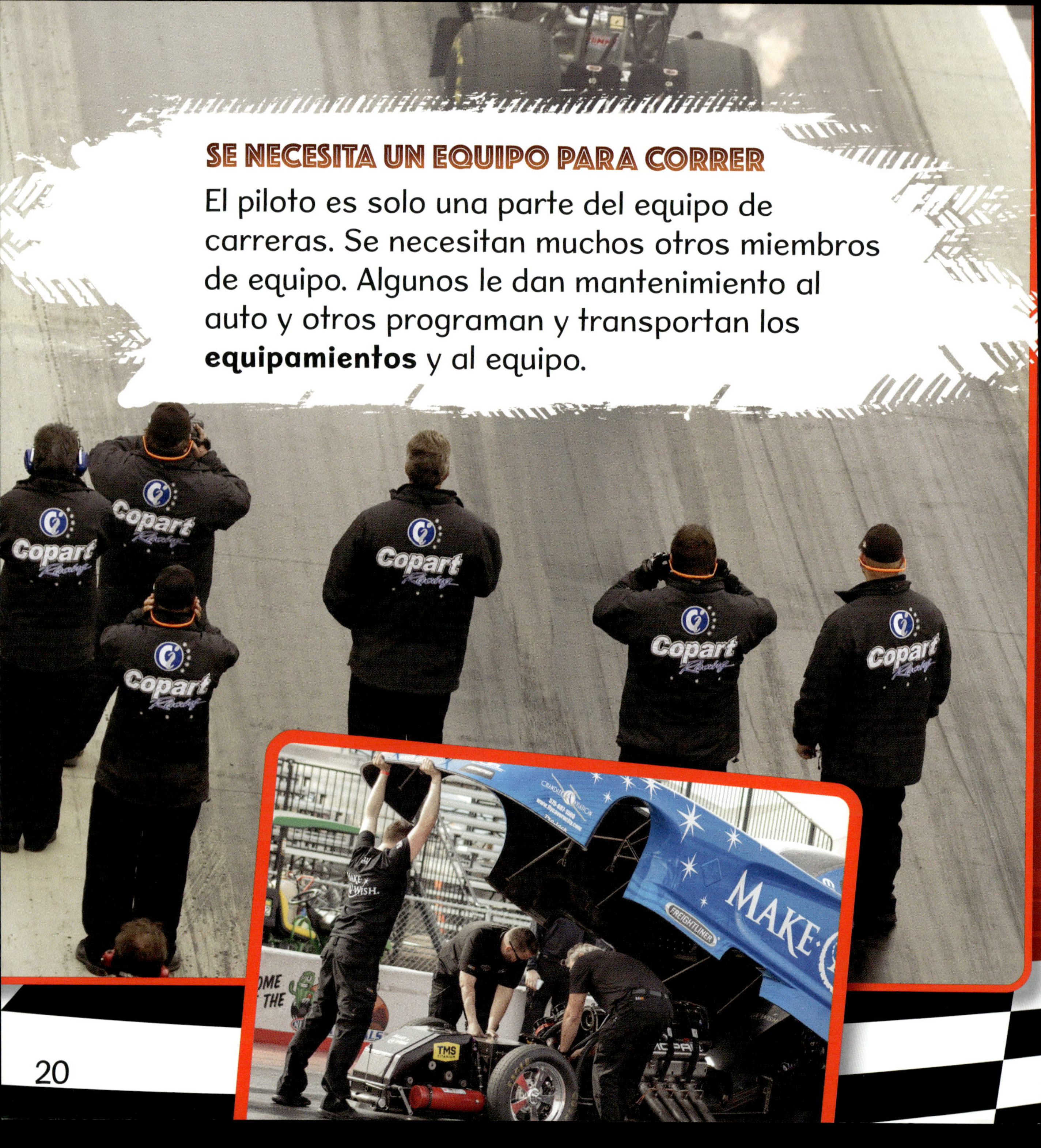

SE NECESITA UN EQUIPO PARA CORRER

El piloto es solo una parte del equipo de carreras. Se necesitan muchos otros miembros de equipo. Algunos le dan mantenimiento al auto y otros programan y transportan los **equipamientos** y al equipo.

Los pilotos

Los pilotos de carreras llevan un casco y un traje a prueba de fuego con máscara, guantes, calcetines y zapatos. Se sientan en la cabina y llevan un arnés de liberación rápida, que protege mejor que un cinturón de seguridad a altas velocidades.

Las carreras de drágsters son extremadamente peligrosas y los pilotos tienen que ser increíblemente valientes. La velocidad a la que aceleran y **desaceleran** los autos ejerce una gran fuerza sobre el cuerpo del conductor, algo así como subir a una montaña rusa aterradora.

zona de parada
línea de meta
tribunas
1 000 pies (305 metros)
luces de árbol de Navidad
línea de salida
caja de *burnout*

Glosario

aceleran: Que van cada vez más rápido.

banda de rodamiento: Las crestas o protuberancias de los neumáticos de un auto.

caballos de fuerza: Unidad utilizada para medir la potencia del motor.

desaceleran: Que van cada vez más lento.

equipamientos: Las herramientas o la ropa necesarias para realizar un trabajo o practicar un deporte.

tracción: El poder de agarre de algo que se mueve sobre una superficie.

Índice analítico

Apoyo escolar para cuidadores y profesores

Este libro ayuda a los niños a crecer permitiéndoles practicar la lectura. A continuación se presentan algunas preguntas orientativas para ayudar al lector a desarrollar su capacidad de comprensión. Las posibles respuestas que aparecen aquí están en color rojo.

Antes de leer

- **¿De qué creo que trata este libro?** Creo que este libro trata de lo rápido que pueden ir los autos drágster. Creo que este libro trata sobre las personas a quienes les encanta conducir drágsters.
- **¿Qué quiero aprender sobre este tema?** Quiero aprender más sobre cómo frena un drágster después de una carrera. Quiero aprender qué tan rápido puede ir un drágster.

Durante la lectura

- **Me pregunto por qué...** Me pregunto por qué los drágsters son tan ruidosos. Me pregunto por qué los Funny Cars no pueden tener más de cinco años para correr.
- **¿Qué he aprendido hasta ahora?** He aprendido que los drágsters Top Fuel corren lado a lado a más de 300 millas (483 km) por hora. He aprendido que los drágsters corren en una pista recta de 1 000 pies (305 metros).

Después de leer

- **¿Qué detalles he aprendido sobre este tema?** He aprendido que los autos de motor trasero utilizan un combustible que se llama nitrometano. He aprendido que las llamas del escape pueden alcanzar los 7 000°F (3 871°C).
- **Vuelve a leer el libro y busca las palabras del glosario.** Veo las palabras *caballos de fuerza* en la página 14, y la palabra *tracción* en la página 17. Las demás palabras del glosario se encuentran en la página 23.

Library and Archives Canada Cataloguing in Publication

Available at the Library and Archives Canada

Library of Congress Cataloging-in-Publication Data

Available at the Library of Congress

Crabtree Publishing Company

www.crabtreebooks.com 1–800–387–7650

Print book version produced jointly with Blue Door Education in 2023

Written by: Craig Stevens

Translation to Spanish: Santiago Ochoa

Spanish-language Copyediting and Proofreading: Base Tres

Print coordinator: Katherine Berti

Photo Credits: istock.com, shutterstock.com, dreamstime.com. COVER: Elisa Putti | Dreamstime.com. Checkered flag used throughout ©N1chEZ | Shutterstock.com . PG 2-3: ©Danny Raustadt | Dreamstime.com. PG 4-5: GSenkow | Creative Commons Attribution-Share Alike 3.0 Unported. PG 6-7: ©Danny Raustadt | Dreamstime.com, Kts | Dreamstime.com, ©Danny Raustadt | Dreamstime.com. PG 8-9: ©Danny Raustadt | Dreamstime.com. PG 10-11: ©Danny Raustadt | Dreamstime.com, Danny Raustadt | Dreamstime.com. PG 12-13: ©Macleoddesigns | Dreamstime.com, ©Tkpphotography | Dreamstime.com, shutterstock.com/ Grindstone Media Group, Walter Arce | Dreamstime.com. PG 14-15: ©Danny Raustadt | Dreamstime.com, ©Steve Mann | Dreamstime.com. PG 18-19: ©Danny Raustadt | Dreamstime.com, © teve Mann | Dreamstime.com. PG 20-21: ©Danny Raustadt | Dreamstime.com, shutterstock.com | Action Sports . Photography, ©Walter Arce | Dreamstime.com. PG 22-23: ©Stahlkocher | GNU -Creative Commons Attribution-Share Alike 3.0 Unported

Published in the United States
Crabtree Publishing
347 Fifth Ave.
Suite 1402-145
New York, NY 10016

Published in Canada
Crabtree Publishing
616 Welland Ave.
St. Catharines, Ontario
L2M 5V6

Printed in the U.S.A./062022/CG20220124